MEU FILHO SE DROGA?

Coleção Fé e vida

- *Aquele que passeia em nós: Deus no coração de todas as coisas* – Irmão Afonso Murad
- *Consolo para quem está de luto* – Renold J. Blank
- *Em você, a paz do coração* – Irmão Roger de Taizé
- *Faça viver quem você ama: apoio psicológico e espiritual a pessoas no final da vida* – Bénédicte Rivoire
- *Mensagens ao alvorecer* – Maria Lúcia Ferlin Araújo
- *Meu filho se droga? Um processo de ajuda* – Pe. José Sometti
- *Meu rei Arthur: a chegada de um filho com Síndrome de Down* – Lúcia Cyreno
- *Orações para viver em plenitude* – Ana Maria Erpen
- *Paralisia cerebral: esta dor não me venceu* – Neusa Maria
- *Sabedoria para viver o fim: palavras de esperança e encorajamento para doentes terminais* – Kathy Kalina

PE. JOSÉ SOMETTI

MEU FILHO SE DROGA?

Um processo de ajuda

Dados Internacionais de Catalogação na Publicação (CIP)
(Câmara Brasileira do Livro, SP, Brasil)

Sometti, José
  Meu filho se droga? : um processo de ajuda / José Sometti. – 4. ed. – São Paulo : Paulinas, 2011. – (Coleção fé e vida)

  ISBN 978-85-356-0400-9

  1. Drogas – Abuso – Prevenção 2. Juventude – Uso de drogas I. Título. II. Série.

11-07115   CDD-362.293

Índice para catálogo sistemático:
1. Jovens : Drogas : Prevenção : Problemas sociais   362.293

4ª edição – 2011
1ª reimpressão – 2015

Citações bíblicas: *Bíblia Sagrada*. Tradução da CNBB. 7. ed. 2008.

Direção-geral: *Bernadete Boff*
Editora responsável: *Andréia Schweitzer*
Coordenação de revisão: *Marina Mendonça*
Revisão: *Ruth Mitzuie Kluska*
Assistente de arte: *Sandra Braga*
Gerente de produção: *Felício Calegaro Neto*
Projeto gráfico de capa: *Telma Custódio*
Editoração eletrônica: *Wilson Teodoro Garcia*

Nenhuma parte desta obra poderá ser reproduzida ou transmitida por qualquer forma e/ou quaisquer meios (eletrônico ou mecânico, incluindo fotocópia e gravação) ou arquivada em qualquer sistema ou banco de dados sem permissão escrita da Editora. Direitos reservados.

Paulinas
Rua Dona Inácia Uchoa, 62
04110-020 – São Paulo – SP (Brasil)
Tel.: (11) 2125-3500
http://www.paulinas.org.br – editora@paulinas.com.br
Telemarketing e SAC: 0800-7010081

© Pia Sociedade Filhas de São Paulo – São Paulo, 1999

*Agradeço de coração comovido
ao grupo de apoio de Sorocaba,
pelo auxílio desinteressado
e valioso que me ofertou,
e aos toxicodependentes de Boituva.*

Sumário

Apresentação 9

Introdução... 13

1. Meu filho se droga.. 19
2. Falar a mesma língua 31
3. Pais e filhos: funções diferentes 37
4. Sentimento de culpa.................................... 43
5. Relembrando os capítulos anteriores 49
6. Somos impotentes sozinhos!...................... 53
7. Espiritualidade 59
8. Comportamento destrutivo
   e de arrependimento.................................... 65
9. Perseverar no grupo de apoio 71
10. Pais educadores.. 77
11. Preparar-se para a mudança 85
12. Meu filho mudou e voltou 89
13. Desligamentos... 93

Testemunhos.. 97

Do mesmo autor... 115

Apresentação

Muitos dos nossos amigos e colaboradores nos pediram um roteiro prático para ser usado com os toxicodependentes, que os ajudasse a refletir e a sair da droga. Essa tarefa me parece dificílima e a deixo a quem possui competência para isso.

Eu me reservo a tarefa de oferecer aos pais aflitos pelos próprios filhos que se drogam algumas indicações e orientações simples tiradas, antes de tudo, das palavras de Jesus Cristo, dos doze passos dos mundialmente conhecidos Alcoólicos Anônimos e, por fim, das experiências dos próprios jovens em recuperação, bem como das indicações dos pais que participaram, ao longo desses anos, dos encontros de apoio e de solidariedade.

Os temas deste livro objetivam estimular no leitor interessado uma nova educação, que propõe a virtude da doação e da ação de graças pelo que se recebe, além de motivar os pais a acolher os filhos – mesmo os drogados – como um dom especial de Deus para melhorá-los como casal, abrindo-os ao verdadeiro amor.

Mas como é possível tudo isso? Por onde começar se não nos conhecemos verdadeiramente? O que fazer para conseguir aceitar outras visões de mundo que não sejam as nossas? Como podemos nos conhecer em profundidade sem a abertura ao aspecto transcendente da vida, isto é, sem a abertura ao conceito de vida eterna?

Neste livro são apresentadas algumas experiências vividas por toxicodependentes e meninos de rua que nos ajudarão a compreender a importância de ter valores éticos e morais como base do nosso processo de ajuda; a importância da esperança que está no coração humano, qualquer que seja sua raça ou cultura; a importância da luz espiritual que norteia sempre para o melhor, apesar de a alma estar obscurecida por imperfeições e drogas.

Este caminho já foi percorrido por outros... Santo Agostinho, por exemplo, tocou o abismo da morte da alma e, ao mesmo tempo, conseguiu subir o cimo da alma – como ele chama o encontro com o Ser Supremo. Sua santa mãe viveu a esperança sem limites, enquanto esperava, sem duvidar nem por um instante, o retorno do próprio filho à vida. Com este exemplo diante dos olhos, temos um motivo a mais para crer na volta à vida de tantos de nossos filhos.

Na atualidade, parece que o sentido da vida e dos valores relacionados ao Ser Supremo perderam sua força propulsora. Ora, seguindo de perto toxicodependentes e crianças de rua, reencontro com surpresa essas realidades espirituais com toda a sua luz e esplendor. Pessoalmente, diante dessas realidades de morte e de ressurreição, vejo a resposta antecipar-se à pergunta: "E Deus, onde está?".

Espero que este pequeno esforço, acrescentado aos maiores compromissos do dia a dia, venha ao encontro do leitor interessado. De qualquer forma, peço que seja benevolente comigo e não me condene se não consegui atingir plenamente os objetivos a que se propõe este livro. Aquilo que de útil encontrar, atribuo a Deus; pelo que for inútil, se por acaso assim o julgar, peço perdão. Sempre considerarei um dom ter-nos conhecido e uma dádiva a sua colaboração.

Introdução

Os problemas da droga

Infelizmente, devemos constatar que o problema da droga atinge setores cada vez mais amplos da sociedade, chegando até mesmo a áreas antes consideradas imunes.

Crianças, adolescentes e jovens tornam-se consumidores de produtos tóxicos, sem o perceber; adultos respeitados pela nobre profissão que exercem são atacados por esse vírus que Pe. Pio chamava de "satânico".

O que preocupa é saber que se entra nesse túnel de retorno estreito e sofrido logo após as primeiras experiências, geralmente facilitadas por motivos fúteis, por falta de valores, pela pressão do grupo, para resolver o vazio existencial ou para rejeitar uma sociedade falsa, de princípios levianos e insignificantes.

A sociedade e, sobretudo, a família entram em um grau elevado de confusão e caem num sentimento de impotência: não existe um retorno fácil desse caminho. E a primeira pergunta que nasce no coração dos pais é: "O que fazer? A quem pedir ajuda?".

As propostas, em âmbito legal e técnico, não faltam. Por exemplo: legalizar a produção e o consumo de certas drogas – chamadas leves –, acreditando que esta atitude desestimularia seu uso ou, pelo menos, facilitaria o controle de um produto que é fonte de ganhos fabulosos e também causa de tantas mortes! Todavia, essa proposta carece de sustentação ética e de objetividade terapêutica, pois não atenua os riscos que envolvem o consumo de tóxicos, apesar de legalizados, além de faltarem estudos estatísticos favoráveis a esse tipo de atitude permissiva.

Sabemos ainda que certas consequências atribuídas às drogas são alarmantes:

- alienação sociofamiliar;
- diminuição da vontade de viver;
- empobrecimento de valores;
- privação da liberdade pessoal;
- atenuação da consciência, isto é, destruição do tecido moral.

Por fim, a droga – qualquer que seja – é sempre droga! É um produto falso, porque não cumpre o que promete: não resolve problemas de depressão, muito menos o vazio existencial e as perturbações emocionais. Sem contar que, por causa dela, muitas famílias são lançadas na angústia e no desespero.

Mas quais são os motivos profundos pelos quais as pessoas entram nesse túnel de morte? É difícil encontrar uma resposta satisfatória. Depende, em parte, do ponto de vista do problema.

Partindo do que me ensinaram os toxicômanos e os meninos de rua, vejo que nenhuma destruição atingiria as pessoas se antes não tivessem sofrido experiências destruidoras, encaminhando-se naquele vazio de valores em que tudo é nada e nada é tudo. Eis alguns motivos:

- vazio interior, tristeza, cansaço de viver, angústia e apatia levam os jovens a procurar destemperadamente algo que os preencha;
- medo do futuro;
- dificuldades de encontrar o próprio lugar numa sociedade extremamente competitiva e discriminadora;

- relativismo ético, segundo o qual qualquer comportamento é lícito, que agride a consciência e a relega a níveis inconscientes, de onde saem decisões cada vez mais destrutivas.

Nessa altura nos perguntamos: a luta contra a droga é necessária? Mais ainda a proposta de valores!

Lembramos:

1. A droga é um problema social, e não só particular, pessoal e familiar. Segundo alguns sociólogos, é um problema nacional que envolve a política e a economia.

2. O problema da droga está ligado à vida familiar, como uma doença ao corpo. Portanto, a esperança da solução nasce no futuro, quando a vida matrimonial se basear no amor fiel, sereno e permanente.

3. A esperança nasce num ambiente familiar saudável, que seja pleno de valores espirituais.

4. O problema da droga exige uma ação conjunta e preventiva de todos os seto-

res da vida social. Desde o núcleo familiar até os profissionais de saúde, das comunidades religiosas aos centros do poder político.

Concluindo esta apresentação, quero encorajar os pais que vivem angustiados, aconselhando-os com toda solidariedade:

- Não entrem em desespero.
- Mantenham sempre o diálogo com seu filho.
- Proporcionem afeto, demonstrando interesse em ajudá-lo, se ele quiser.
- Encaminhem o jovem a um grupo de apoio para que possa ser acompanhado e ajudado.
- Lembrem-se do poder de uma força superior e rezem bastante por ele.

1. Meu filho se droga

Observação da realidade

As pessoas que se drogam são vistas de várias maneiras, mas, em geral, são consideradas doentes, deficientes, perigosas, sujas e, principalmente, irrecuperáveis – portanto, é melhor que sejam banidas, eliminadas.

No Brasil, existem clínicas particulares especializadas que tratam o toxicômano como doente. Há também entidades religiosas e leigas que realizam um tipo de terapia baseada na vivência comunitária (terapia de grupo) e no trabalho (laborterapia), dando destaque à espiritualidade e aos valores segundo o Evangelho (sentido da vida). Nessas entidades, mais que definir com termos técnicos frios e distantes o tipo de doença do drogado, procura-se usar o amor, a solidariedade humana, o calor, a coparticipação, a compreensão, sem descuidar dos recursos científicos. O ideal seria, ainda, adicionar o amor responsável, unir ciência e fé, o esforço humano com a vontade divina de plenificar.

Na Comunidade Nossa Senhora Rainha da Paz, em Itapetininga (SP), com crianças e adolescentes de rua, e em Boituva (SP), com toxicodependentes, a terapia, simples, baseia-se em três eixos:

- *o trabalho realizado com harmonia*, para que o amor transpareça em tudo o que a pessoa faz, colocando em comum a própria criatividade e liberdade;
- *a coparticipação do ser*, para tornar a pessoa transparente, a fim de que saiba partilhar o que tem de mais valioso e íntimo, isto é, seus sentimentos e emoções;
- *a oração meditada, contemplada e vivificada*, para que a pessoa partilhe suas decepções, mas também as vitórias e suas esperanças, a fim de que se purifique e se aperfeiçoe.

Os jovens são atraídos por metas grandiosas, por ideais elevados (ou tudo ou nada!), por aquilo que é difícil, desafiador. Às vezes, reduzem todo ideal ao risco, à aventura e, como consequência, à droga. Numa situação como essa, precisam da presença de pais educadores: precisam de valores mais do que informações, precisam de uma mão firme, mais do que uma mão amiga. E os pais devem amar com amor cada vez mais responsável, procurando encaminhar seu filho para uma vida plena.

"Mas e o meu filho? Será que ele se droga?"

Preste atenção ao decálogo indicador:

1. *Se o seu filho mudou sua conduta e seus hábitos* inesperada e repentinamente; se passou a andar com más companhias (jovens que se drogam ou com iniciadores do vício);

2. *Se o jovem passou a trocar o dia pela noite,* demonstra alheamento e não se preocupa se está ou não criando mal-estar em casa, se está ou não preocupando os pais ou prejudicando os irmãos;

3. *Se chega da rua "chapado" ou embriagado,* procurando esconder-se de todos, isolar-se e, às vezes, faz do quarto uma toca;

4. *Se mente,* descarada e cinicamente, se pede dinheiro sem necessidade real ou se objetos, joias ou dinheiro da casa passam a sumir, subitamente;

5. *Se demonstra depressão ou um estado de vazio existencial,* sem que os pais descubram o verdadeiro motivo;

6. *Se começa a manifestar queda no aproveitamento escolar,* sem apresentar preocupação ou dizendo que quer mudar para uma escola de qualidade inferior;

7. *Se apresenta irritabilidade sem motivo aparente,* inquietação motora, impaciência com tudo e com todos, especialmente com seus familiares e nas horas das refeições;

8. *Se se distancia dos familiares,* evitando as reuniões, e age como vítima, queixando-se de rejeição e incompreensão;

9. *Se manifesta medo ou repulsa ao silêncio,* por sentir-se confrontado com a própria consciência, e procura o alheamento na música em som alto constante;

10. *Se apresenta sinais de medo ou repulsa a si mesmo ou a Deus*, descuidando-se do asseio pessoal e da espiritualidade.

É bom ficar atento também ao vocabulário, ao uso de determinadas expressões ou gírias que caracterizam o mundo das drogas:[1]

- *ácido*: LSD
- *arpão*: seringa de injeção
- *baga* ou *bagana*: toco de cigarro de maconha
- *barato*: sensação momentânea de prazer provocada pela droga
- *boca*: lugar de venda ou consumo de droga
- *bolinha*: anfetamina
- *cachimbo da paz*: cigarro de maconha
- *cafungar*: aspirar pó
- *cheiro*: cocaína, heroína
- *cheirinho da loló*: droga para aspirar, semelhante ao lança-perfume

---

[1] Cf. ALVES DA SILVA, Edevaldo. *Tóxicos no Direito Penal Brasileiro*. São Paulo: José Bushatsky.

- *chibaba*: maconha
- *contrato*: uma dose de cocaína
- *dólar*: cigarro de maconha com certo feitio
- *erva*: maconha
- *gelado*: o que se afastou do vício
- *ligado*: o que está sob a ação da droga
- *manga-rosa*: maconha de boa qualidade
- *mel* ou *melado*: droga
- *merla* ou *bazuca*: derivado de cocaína
- *picada*: injeção de entorpecente
- *puxar*: fumar maconha
- *pitéu*: rapazes ou moças que estão sendo levados ao vício
- *pó*: cocaína, heroína, tóxico em pó
- *sauna*: fumar maconha em grupo e em local fechado
- *sexta-cheira*: entrar na droga do fim de semana
- *vaposeiro*: vendedor de tóxicos nas ruas, em pequenas quantidades

- *viagem*: alucinação provada pela droga
- *vinte e cinco*: LSD

Decisão

E os pais? Se descobrem ou desconfiam que o filho se droga, qual atitude devem tomar?

1. Antes de tudo, *não devem se desesperar*, nem dramatizar, mas armar-se de coragem e tomar algumas decisões firmes e claras.

2. Reconhecer que *sozinhos não conseguirão ajudar o filho* e, portanto, devem procurar ajuda.

3. *Não se culpar*, desenvolvendo complexos de culpa destruidores. Ninguém está preparado para o pior! Os pais não falharam no plano: podem ter perdido a batalha, mas não a guerra! No entanto, também não devem ficar desculpando-se, lamuriando-se.

4. *Não entrar em conflito com o filho*, dando broncas, gritando, chamando-o de "maconheiro" ou "marginal".

5. Procurar *dialogar com o filho*, induzindo-o a se tratar frequentando, inicialmente, um grupo de apoio. Ter uma conversa franca, sem rodeios.

6. *Fazer algumas mudanças no relacionamento* com o filho, dando-lhe a entender que conhece suas dificuldades, mas, ao mesmo tempo, quer ajudá-lo.

Eis algumas sugestões de mudanças:

- Convide ou estimule seu filho a convidar jovens em quem confia e que sejam boas influências. Lembramos que as palavras convencem e o exemplo arrasta.

- Proponha programas que possam fazer juntos, como ouvir música ou fazer algum passeio e aproveite para conversar mais com ele.

- Procure ficar calmo e não grite: reze em silêncio pelo seu filho, entregando-o a Deus. Confie em Deus, sabendo que ele pode cuidar melhor do seu filho do que você. Ao mesmo tempo, seja enérgico e firme nas suas decisões.

- Reviste o quarto de seu filho, suas roupas, e, se achar droga ou qualquer coisa suspeita, jogue fora, sem dizer nada. Espere que ele diga algo. Se nada disser, não explique nada.

- Procure usar a "intenção paradoxal", isto é, perceber o lado ridículo das coisas, rindo um pouco da sua demasiada preocupação, vivendo dignamente esta fase de crescimento.

Ação

É preciso aprender a entrar na paz e a viver em paz, apesar dos pesares.

"Mas como, se estamos arrasados, se nos sentimos espezinhados?"

Sugerimos algumas frases a serem repetidas durante o dia, quase incessantemente, de coração aberto, acreditando naquilo que as Escrituras Sagradas dizem. Para quem acredita em Deus, será mais fácil. De qualquer forma, o pensamento positivo lhe fará bem.

Una-se a nós e a quem já passou por essa dificuldade e encontrou uma luz. Não seja orgulhoso, é hora de confiar em alguém.

- "Tudo contribui para o bem daqueles que amam a Deus..." (Rm 8,28).
- "Em Jesus Cristo, e por seu sangue, obtemos a redenção e recebemos o perdão de nossas faltas, segundo a riqueza da graça" (Ef 1,7).
- "Feliz aquele que suporta a provação, porque, uma vez provado, receberá a coroa da vida, que o Deus prometeu aos que o amam." (Tg 1,12).
- "Eu louvo a Deus e peço que proteja meu filho."

Revisão

- No fim do dia, reveja com seu cônjuge ou com algum(a) amigo(a) como foi o dia, como foi o seu desempenho.
- Se foi bom, agradeça a Deus! Ele está mais interessado no bem de seu filho do que você!

- Refaça seu plano para o dia de amanhã, coloque-o na mão bondosa e misericordiosa de Deus e durma em paz: a cada dia a sua preocupação!

2. Falar a mesma língua

Observação da realidade

"O que está acontecendo com meu filho? Acho que fizeram macumba para ele... Ele era tão bom menino, nunca nos deu problemas! Vai ver erramos na educação. Ou, melhor, tudo nasceu errado, nós, pais, e nossos filhos!"

"Para dizer a verdade, sempre fiquei contrariado com a maneira que minha mulher educava o nosso filho. E agora, as consequências são desastrosas: meu filho é um drogado!"

"Meu marido só pensa em trabalhar. Em casa, chega cansado e só lê o jornal, assiste à televisão e dorme. Ele não conversa com os filhos, só xinga."

Esses pais que assim se exprimem demonstram a má educação proporcionada ao filho. *A harmonia familiar e a cordialidade entre os cônjuges são condições indispensáveis para o crescimento confiante e seguro dos filhos*, o que os prepara para as batalhas futuras.

Freud já observava: "As discussões entre os pais criam em seus filhos predisposições à neurose".[2] Isto é, o desentendimento e as atitudes contraditórias dos pais criam nos filhos inconsistência e insegurança nas próprias opções sobre o que é bom ou ruim para eles.

Santo Tomás de Aquino dizia: "O bem tende a se expandir". Ora, o melhor bem que os pais podem dar é a harmonia no amor. A segurança sem apreensão, sem angústia, sem medo nasce no coração dos filhos e os ajuda a sair da droga quando eles veem os pais concordarem entre si, amarem-se com todas as forças e falarem a mesma língua.

Decisão

Comecemos logo a tomar uma posição acertada diante do desafio que provoca a desunião do casal. Antes de tudo, é preciso que cada um exponha suas ideias, livremente, sentindo-se respeitado pelo outro. Isso se chama *diálogo*.

Lembremos que nós temos pontos de vista e os nossos filhos também!

---
[2] FREUD, Sigmund. *Trois essais sur la théorie de la sexualité*. Paris: Gallimard, 1962. [Ed. bras.: *Três ensaios sobre a teoria da sexualidade*. Rio de Janeiro: Imago, 1997.]

O encontro de ideias diferentes é possível, no plano do respeito e da amizade, não da verdade imposta, mas da verdade apresentada com argumentos de razão, objetividade e transparência. Moralismo não serve para nada. O que funciona mesmo é o exemplo dos pais, e o primeiro exemplo que podem e devem dar ao filho é *conversar com ele na mesma língua*.

E se é importante conversar, discutindo as atitudes com serenidade e fazendo planos para o futuro, é também importante agir de comum acordo, pelo menos, de hoje em diante, para salvaguardar os filhos de males maiores.

Para isso, os pais devem considerar os seguintes pontos:

- nunca mentir ao filho, nem pouco nem muito;
- manter as promessas e executar os castigos;
- ser autêntico, verdadeiro, agir com transparência;
- interromper a mesada, se o filho costumava recebê-la;
- pedir a chave da casa de volta;

- confiscar-lhe o carro, não apenas como punição, mas também por garantir a sua segurança e a das outras pessoas.

- formular regras em conjunto com o filho e os demais membros da família, cumpri-las e exigir de todos o seu cumprimento;

- verificar o conteúdo dos programas de TV a que assistem e os tipos de revista que leem, pois muitas incentivam a promiscuidade e a libertinagem; prestar atenção às músicas que ouvem e aos sites que costumam visitar na internet, pois muitos divulgam mensagens com apologia às drogas;

- de comum acordo, é muito interessante fazer uma verdadeira faxina na casa, no espírito e no emocional: jogar fora o que não presta, o que está quebrado, o que não é saudável.

Os pais devem encontrar força para falar aos avós, tios, parentes, padrinhos e vizinhos, para que todos saibam e entendam as novas atitudes em relação ao filho e para que ninguém entre em choque, julgando e posicionando-se contra.

É preciso ter coragem e confiança mútuas. Está na hora de acreditar nas palavras de Jesus, que disse: "Pois quem quiser salvar sua vida a perderá, e quem perder sua vida por causa de mim a salvará" (Lc 9,24). Se os pais têm coragem de agir juntos, mesmo que isso signifique confrontar o filho, ele poderá recuperar-se. De fato, acolher o filho nessa hora é agir juntos, pelo seu bem, com o mesmo fim, com a mesma ressonância. Quanto mais conversarem, mais resultados positivos obterão e, ainda que a luta pareça difícil, não é impossível. Como dizem no AA, é preciso "viver um dia de cada vez".

Ação

A ferramenta que lhe apresentamos neste capítulo é parecida com a do anterior.

Inicialmente, saibam que vocês, como pais, têm direito a momentos de paz, apesar de todos os problemas. Por isso, os convidamos a repetirem, muitas vezes, durante o dia e à noite, todas as vezes que se sentirem tentados pelo desespero ou desânimo, as seguintes frases:

- Eu creio, Senhor, no seu amor.

- Creio que tudo vai cooperar pelo nosso bem e de nosso filho.
- "Bendito seja o Deus e Pai de nosso Senhor Jesus Cristo, que nos abençoou com toda bênção espiritual nos céus, em Cristo" (Ef 1,3).
- O sangue de Cristo nos obterá a redenção para nós e nossos filhos.
- "O Senhor está comigo, nada temo" (Sl 118[117],6).

Revisão

- Conseguiram limpar os cômodos da sua casa e lavar as suas mágoas?
- Todos conseguiram se manter firmes nas decisões tomadas?
- Agradeça pelo que de bom aconteceu no dia.
- Programe o dia seguinte, mas sem perder a paz, sabendo que "a cada dia basta sua preocupação".

3. Pais e filhos: funções diferentes

Observação da realidade

Os pais são educadores, e não coleguinhas dos filhos. Os papéis não podem ser invertidos: pais e mães devem exercer sua missão, dentro das regras da natureza, isto é, a função específica de pai e de mãe. Os papéis não podem ser invertidos: o pai é pai e a mãe é mãe, tanto dos filhos quanto das filhas!

Essas considerações, que podem parecer tão óbvias, na prática, muitas vezes são esquecidas ou até invertidas, com o incentivo dos meios de comunicação. Assim, presenciamos situações em que os pais abdicam das suas funções de guias, orientadores, legisladores e executores por quererem ser amigos dos filhos. Mas ser amigo não quer dizer tornar-se filho do filho. As regras de casa são os pais que determinam, e cabe aos filhos cumprirem ou serem cobrados a cumprir.

Para exemplificar, tomemos por base um estabelecimento escolar: se o porteiro abre e fecha o portão da escola quando bem entende; se o servente limpa as salas e os banheiros apenas no dia em que sente vontade; se o inspetor de alunos dá o sinal a qualquer hora; se os professores lecionam suas matérias no horário que lhes convêm e se o diretor, que é a autoridade máxima, por querer parecer "bonzinho", não impõe regras ao estabelecimento, qual pessoa ajuizada colocará seus filhos nessa escola? Pois bem, um lar onde os pais não conhecem seus papéis funciona tal qual esse exemplo.

Pais que não exigem o cumprimento das regras da casa ou que não punem a desobediência dos filhos não estão em sintonia com a natureza nem com os desígnios de Deus.

Lembremos, na Bíblia, a passagem em que Deus destituiu Eli de sua função de profeta porque não corrigiu e não puniu seus próprios filhos, que agiam incorretamente (1Sm 2,12-36).

Pais que aceitam qualquer comportamento dos filhos como "natural" e acomodam-se esperando que "a idade da rebeldia" passe, que prezam a liberdade como valor absoluto deixando os filhos sem regras, à vontade em tudo, perdem o amor dos filhos e de si próprios e afastam-se do equilíbrio e da paz.

Da mesma forma, pais que vivem correndo atrás dos filhos, limpando o que eles sujam, arrumando o que desarrumam, apagando a luz que eles deixam acesa, que fecham as portas que deixaram abertas; pais que dão tudo de mão beijada para os filhos, sem uma compensação ou merecimento; pais que desculpam tudo porque seus filhos não podem ser reprimidos, cedo ou tarde sofrerão decepções. Por quererem ser bonzinhos e amigos, perderam a noção de que os filhos não são propriedades suas, mas lhes foram confiados para que fossem cuidados por eles.

Decisão

Os pais, mais que com palavras – apesar de estas também serem necessárias –, devem falar com o próprio exemplo e atitude. Portanto:

1. Sejam educados, cumpram as leis e exijam o mesmo de seus filhos.

2. Respeitem os filhos em suas individualidades, seus talentos e sua missão, mas exijam deles o respeito que lhes devem

como pais. O 4º mandamento de Deus diz: "Honrar pai e mãe"; e São Paulo aconselhava: "Filhos, obedeçam em tudo a seus pais, porque isso agrada ao Senhor" (Cl 3,20)

3. Aprendam a falar baixo; aproximem-se de seus filhos para lhes falar, toquem-lhes os ombros, olhem em seus olhos e sejam pacíficos. A mansidão de um acalma a cólera do outro. São Paulo também dizia: "Pais, não irriteis vossos filhos, para que eles não percam o ânimo." (Cl 3,21).

4. Vocês, pais, não são "servos" senão por amor dos filhos; portanto, estimulem sempre o agradecimento deles, a desculpa quando eles errarem, o pedido de "por favor" quando quiserem algo.

5. Ser amigo dos filhos é ajudá-los a se tornarem responsáveis e prepará-los para o mundo em que vivem, é amá-los a ponto de querer dar a vida por eles. Jesus disse: "Ninguém tem amor maior do que aquele que dá a vida por seus amigos" (Jo 15,13).

Pai e mãe diferenciam-se do filho, pois existiam antes que o filho existisse e o quiseram antes que o filho pudesse pedir para existir. Eles também o amam de maneira diferente: um é amor de doação, o outro de agradecimento; um é de pai, outro de filho!

Ação

Dizer que entre os pais e o filho existe uma hierarquia de deveres e de direitos, de obrigações e de funções, não é pregar autoritarismo, mas agir com a autoridade, coerência e disciplina necessárias para qualquer relacionamento humano. Com isso em mente:

- Faça um exame minucioso, sem medo de encarar as falhas ou pontos negativos, diante de Deus e do seu mandamento de "Honrar pai e mãe". Você fez isso por seus genitores? Seus filhos seguem seu exemplo?

- Repita várias vezes as seguintes frases:

    "No amor não há medo. O perfeito amor lança fora o medo, pois o medo implica castigo, e aquele que tem medo não chegou à perfeição do amor" (1Jo 4,18).

Obrigado, meu Deus, pelo filho que me destes, a quem amo do jeito que é!

- Ouça o CD *Encontro consigo mesmo*.[3]

Revisão

Clareza e transparência entre pais e filhos é sinônimo de harmonia e paz. Então, ao final do dia, reflitam:

- Reveja os momentos em que seu filho os desrespeitou como pais. Vocês o advertiram sobre esse comportamento?
- Souberam dizer não, quando necessário, e sim, quando possível, ao seu filho?

---

[3] Disponível na Associação Nossa Senhora Rainha da Paz. Endereço e telefone para pedidos estão no final do livro.

4. Sentimento de culpa

Observação da realidade

A culpa gera um círculo vicioso e destrutivo.

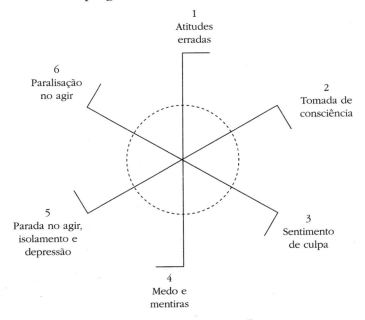

O sentimento de culpa faz parte de um programa de defesa de nosso psiquismo. Ele nos impede de repetirmos o erro cometido e nos induz a repará-lo, para desfazer a sensação de mal-estar que nos causa. Sem o sentimento de culpa, o ser humano viveria no grande perigo de se destruir sem perceber.

Aristóteles, grande filósofo grego (384-322 a.C.), nos convida a refletir sobre as nossas ações para nos certificarmos se são úteis ou destrutivas. Ele dizia: "Se queres saber se um comportamento é bom ou ruim, observa como a tua consciência está depois de ter praticado uma ação". Ele considerava de elevado valor aquela luz interior, que vem depois da prática de determinada ação, para decidir se deve ser repetida ou não, pois, se for errada, deixará em nosso interior, em nosso âmago, um sentimento de mal-estar.

Ficar paralisado pelo sentimento de culpa, remoendo-o, ou tentar se justificar e jogar a culpa sobre os outros, no entanto, não só não é saudável, como também não resolve a situação.

Decisão

As atitudes a ser tomadas para sair do círculo destrutivo da culpa são:

1. Considerar que todo mundo erra e os pais também podem errar. Aceitar, por-

tanto, as limitações como seres humanos e como pais, sem atribuir os erros a terceiros nem se martirizar por aquilo que já aconteceu, mas procurando reparar os erros cometidos.

2. Colocar-se, assim como é, nas mãos de Deus, que é Pai misericordioso, pedindo sua luz e ajuda.
3. Analisar o problema com calma, sabendo que para tudo há uma solução.
4. Perdoar-se e perdoar ao filho.

Também é preciso afastar os medos irracionais, tais como: que o filho se mate; que ele mate alguém da família; que para ele não há mais ajuda possível. Esses medos podem ser superados se o relacionamento familiar for baseado na verdade, se os pais souberem que são faróis que iluminam a vida dos filhos, mas que cabe a eles tomar as decisões sobre sua vida e assumir suas consequências, mesmo que sejam negativas.

Isso inclui deixar que vivam na rua, se eles assim decidirem. Normalmente a rua é mais que uma simples escolha de vida: é uma forma de se autoimpor um castigo, uma forma de autopunição que permite ao jovem uma diminuição de seu sentimento de culpa, e, às vezes, é um risco a se enfrentar para que ele se decida por um tratamento sério.

Para romper o círculo vicioso, tome atitudes acertadas. Comece agora! Decida-se:

- viver na verdade com seu filho;
- convidá-lo a deixar as más companhias;
- incentivá-lo à colaboração, a cumprir certas tarefas e serviços domésticos;
- não dar presentes ao filho que se droga;
- não deixar carteiras e dinheiro à vista, mas guardar tudo sob chave – lembre-se de que seu filho está doente.

Por fim, sair do sentimento de culpa é ingressar firme no amor com responsabilidade. Buscar a serenidade na oração e meditação, perdoar a si mesmo e lembrar que "para todo problema existe solução". Dessa forma, sendo os problemas a base da grande matemática da vida, aprenderemos a combinar com facilidade agradecimento e comprometimento, louvor e ação, perdão e amor responsável.

Ação

Nessa altura dos acontecimentos, além da oração pessoal, é bom pedir ajuda.

- Tome parte de um grupo de oração ou convide os amigos a orar com você e por sua família.
- Convide seu guia espiritual, isto é, o padre ou o pastor, a ir a sua casa.
- Sempre que possível, repita algumas frases-chave:

  "Senhor, fazei de mim um instrumento de vossa paz"

  "Senhor, ensinai-nos a perdoar-nos e a perdoar"

  "Entrego, Senhor, nas tuas mãos o meu filho".

Revisão

- Como foi a oração entre amigos?
- Trouxe paz a visita de seu guia espiritual?
- Como proporcionar mais tempo para orar em família?

5. Relembrando os capítulos anteriores

Observação da realidade

Seguimos as pistas para identificar um jovem que se droga no primeiro capítulo e alguns passos do trabalho de recuperação da comunidade terapêutica Chácara da Vida Plena, em Boituva (SP).

Ali, o processo de recuperação se desenvolve em três eixos:

Decisão

Tomando por base as palavras de uma mãe, na Chácara Vida Plena a espiritualidade é vivida do seguinte modo:

- Medita-se o Evangelho, vivenciando-o no trabalho feito em harmonia, e compartilham-se os frutos saboreados na vivência.

- Para que o drogado sinta desejo de se recuperar é preciso um entendimento da parte dos pais, isto é, falar a mesma língua, viver na autenticidade, sem mentiras de qualquer tipo, mesmo as sociais. Colocar regras, limites e dar o exemplo da mudança.

- Em todas as situações é preciso respeitar o próximo: respeitar os seus filhos e filhas, mas também exigir deles o devido respeito. É importante dar-lhes tarefas e responsabilidades perante a família, tendo "pulso" para falar "não" sempre que necessário e "sim" quando for possível.

Ação

Lembrem-se de que vocês, pais, têm direito à felicidade. Jesus os ama, assim como também ama seu filho, mesmo que neste momento esteja sob influência das drogas.

Procure tirar alguns momentos para cuidar de si mesmo. Assim é possível recuperar a calma e criar novas forças para enfrentar os problemas.

- Deite-se confortavelmente na cama ou sente-se numa poltrona, na penumbra, e relaxe ouvindo uma música suave, de preferência instrumental.
- Ouça o CD de relaxamento *Encontro consigo mesmo*.[4]
- Quando a dúvida lhe assaltar, lembre-se de que:

"O Pai do céu saberá dar o Espírito Santo aos que lhe pedirem" (Lc 11,13).

"Deus vem em meu auxílio, o Senhor sustenta a minha vida" (Sl 54[53],6).

---

[4] Disponível na Associação Nossa Senhora Rainha da Paz. Endereço e telefone para pedidos estão no final do livro.

"Perseverai na oração, mantendo-vos, por ela, vigilantes na ação de graças" (Cl 4,2).

"Dai graças, em toda e qualquer situação, porque esta é a vontade de Deus" (lTs 5,18).

"O vosso proceder seja todo inspirado no amor" (1Cor 16,14).

Revisão

O filho drogado é uma vítima das circunstâncias e nos aproxima de Deus pela dor, pela fé, oração e ação.

Estão convencidos disso, pais?

6. Somos impotentes sozinhos!

Observação da realidade

De qualquer educador, como dos pais, a primeira atitude que se requer é que tenham conhecimento do mundo em que vivem, que reconheçam as forças positivas, que promovem o bem-estar dos jovens, e as forças negativas, que os levam à destruição.

Sabemos que as forças negativas, para os toxicômanos, relacionam-se:

- à falta de sentido da vida;
- à carência de espiritualidade;
- à privação de harmonia familiar;
- a não saber lidar com as frustrações.

Essas são as causas básicas e mais comuns que explicam o porquê de os jovens se colocarem em perigo ao consumirem drogas ou álcool.

A segunda atitude, que está ligada à primeira, é reconhecer que somos impotentes, quando sozinhos, diante das forças negativas que envolvem os jovens.

Não adianta tentar disfarçar as fraquezas e dizer que tudo vai bem, que tudo se resolve com o tempo. Isso é fechar os olhos e não querer encarar a realidade nua e crua ou se achar super-herói, superpai ou supermãe, capaz de tudo...

Enfrentar a situação concretamente é admitir as próprias limitações, permitir-se chorar diante da decepção, da frustração, da impotência diante do problema, de não poder impedir que o filho se drogue.

De fato, o que destrói a esperança não é a fraqueza reconhecida, mas a atitude do avestruz, isto é, fingir que os problemas não existem.

O que mata a esperança não é a nossa fraqueza, mas a atitude do avestruz!

Decisão

É justo considerar a questão da droga como um problema de saúde pública e de segurança nacional. A luta, portanto, abrange todos os setores da vida civil e órgãos do Estado: é dos pais e dos educadores, da escola, das Igrejas, das ONGs, do Governo.

Diante de um problema dessas proporções, realmente, sozinho pouco se pode fazer. Mas unidos na busca de soluções e impulsionados pela fé em Deus podemos construir uma corrente para tratar da questão.

Jesus Cristo disse: "Se alguém quer vir após mim, renuncie a si mesmo, tome sua cruz, cada dia, e siga-me" (Lc 9,23). A cruz, neste caso, é admitir o diagnóstico – "meu filho está doente". A seguir, reconhecer que diante de um problema dessa magnitude uma pessoa sozinha se torna impotente, e então buscar apoio com os familiares e fazê-los entender a situação, suportar com coragem os sentimentos contraditórios, tornando-os aceitáveis, e promover o diálogo, a comunicação.

Ação

Repita e interiorize diante da cruz as seguintes frases:

- "Quem não carrega sua cruz e não caminha após mim, não pode ser meu discípulo" (Lc 14,27)
- "Cobre com tua bênção, Senhor, a minha impotência"
- "O Senhor é meu rochedo, minha fortaleza, meu libertador; meu Deus é minha rocha, na qual me refugio; meu escudo e baluarte, minha poderosa salvação" (Sl 18[17],3)
- "Sozinho sou fraco, mas unido sou forte, e contigo, meu Deus, fortíssimo".

Revisão

Reveja com seu cônjuge a decisão de reconhecer a impotência diante do problema das drogas e de buscar ajuda.

- Vocês acreditam que essa decisão vai fortalecê-los?

- Vocês acreditam que aceitar a realidade, mesmo sendo algo tão difícil de admitir, como a doença de seu filho, sempre liberta e cria esperança nova?
- Lembrem-se do que Jesus disse a Pedro, depois da ressurreição: "Tu me amas? Então cuida e apascenta minhas ovelhas. Antes, tu mesmo amarravas teu cinto e andavas por onde querias; mas chegará o dia em que estenderás as mãos, e outro te amarrará pela cintura e te levará para onde não queres ir" (Jo 21,15-18).

7. Espiritualidade

Observação da realidade

A unidade entre corpo e alma que há no ser humano é muitíssimo profunda. É uma unidade que se chama de substancial, pois se trata de duas realidades aparentemente opostas, mas que na verdade são complementares. Elas se compenetram, da mesma forma que um vaso colocado sobre uma mesa representa um círculo e é um recipiente aberto e com volume, mas, se projetado num plano vertical, se assemelha a um retângulo, a uma figura fechada e plana. No entanto, diz o psiquiatra Viktor Frankl, não se pode afirmar que o vaso seja composto de um retângulo e de um círculo. Assim, não podemos dizer que o ser humano é composto de corpo e alma. Não devemos considerar corpo e alma duas dimensões por si só existentes, mas relacionadas entre si para formar um só ser unitário, às quais se soma ainda uma terceira dimensão: a da mente.

Apesar dessa unidade, há diferenças claras que devem ser salientadas para saber aonde e como ir, isto é, se é possível alcançar a felicidade e quais meios utilizar para isso.

Se temos em nós essas três realidades: a somática (do corpo), a psíquica (da mente) e a espiritual (da alma), também as doenças podem ter uma origem somática (ex.: uma indigestão), psíquica (ex.: complexo de inferioridade), ou espiritual (isto é, derivada de motivos religiosos).

Eu chamo esta dimensão espiritual de *teótica*, porque está relacionada a valores intransferíveis, como as realidades transcendentes e divinas.

Mas como encontrar a *espiritualidade?*

Para começar, é preciso considerar isso que foi explicado, ou seja, que nosso ser é composto de corpo, mente e alma, e que não apenas a parte física precisa de cuidados, mas que as três dimensões têm necessidades e precisam de atenção.

Cuidar da espiritualidade, estar atento às suas necessidades, evita o vazio existencial ou sucumbir à dor quando ela bate à nossa porta.

Decisão

Quando falamos de espiritualidade, isto é, de dar atenção ao espírito, é como dizer dar atenção aos *valores*. De fato, o espírito se nutre de valores. É como dizer que o nosso corpo depende da comida e a comida é a vida do corpo.

E o que é um valor?

É uma realidade que, se vivida, nos ampara e nos leva à *realidade absoluta*. Em outras palavras, podemos dizer que os valores são virtudes, são bens que estão ligados ao *ser* enquanto *realidade suprema*.

Podemos ser enganados por valores fictícios ou falsos, como, por exemplo, pela droga, que dá prazer, mas não alegria?

Quando caímos no vazio existencial, em neuroses depressivas, podemos suspeitar, com toda razão, que não estamos inseridos no *ser*, mas apoiados em algo secundário, na exterioridade, na fugacidade, no *acidental* e *perecível* – ou seja, em *valores irreais*.

Existe uma escala de valores (ou virtudes) que corresponde às exigências fundamentais do ser humano:

1. a exigência suprema é a da *felicidade*, o que corresponde ao valor da religião

como meio de ligar o ser humano a Deus e dar sentido à vida;

2. a exigência de *conhecer*, o que corresponde ao valor da verdade;

3. a exigência de *amar*, o que corresponde ao valor de decidir-se pelo bem para si e para o próximo;

4. a exigência da *justiça*, o que corresponde ao valor da ordem e da segurança;

5. a exigência da *paz*, o que corresponde ao valor da harmonia da tranquilidade.[5]

Dizia Sócrates, o filósofo grego, em sua grande sabedoria, que somente a ação boa e virtuosa, que ele identificava com a ciência do bem viver, produz a felicidade.

Ação

Como cultivar os valores?

Cultivamos os valores dedicando-nos ao silêncio, à reflexão, à oração, à leitura dos escritos de pessoas sábias, principalmente de Jesus.

---

[5] HUBERT, Henz. *Manual de pedagogia sistemática*. São Paulo: Herder, 1970.

Também é preciso praticar a caridade, virtude que retira o véu da ilusão e do orgulho que o ser humano possa ter ou pensar ser.

A experiência nos mostra o quanto é difícil adquirir e viver os valores espirituais e transcendentes. Mas quando o ser humano os experimenta na vida concreta, sente-se enobrecido, capaz de espalhar e irradiar energia positiva sobre toda a humanidade, tornando-se amável, estimado, construtor de paz.

Reserve, então, alguns momentos do dia para rezar, cultivando o que aprendeu e buscando a ligação com Deus e permitindo que ele aja em sua vida:

Senhor, fazei-me instrumento da vossa paz!
Onde houver ódio, que eu leve o amor!
Onde houver ofensa, que eu leve o perdão!
Onde houver discórdia, que eu leve a união!
Onde houver dúvida, que eu leve a fé!

Revisão

Reveja os valores sobre os quais se apoia a sua família.

- A sinceridade, o diálogo, a partilha, a cooperação, a solidariedade, o respeito e a gratidão fazem parte do cotidiano?
- Os valores que vocês vivem são verdadeiros ou irreais? Enumere uns e outros, lembrando que os irreais, cedo ou tarde, conduzem a um vazio existencial; os fundamentais carregam sempre paz profunda, dão sentido à vida, geram alegria interior.

8. Comportamento destrutivo e de arrependimento

Observação da realidade

O comportamento dos filhos, mesmo errado, é muitas vezes aceito pelos pais. Por exemplo: o filho volta tarde para casa, desrespeita os pais, não estuda, evita os compromissos difíceis, queixa-se dos professores ou dos estudos, faz exigências descabidas, mesmo sem merecimento.

Os pais justificam essas atitudes dizendo:

- "É coisa da idade..."
- "A sociedade mudou muito e hoje os valores são outros."
- "A gente passa tanto tempo longe dos filhos... Quando estamos juntos, não tenho coragem de brigar ou fazer cobranças."

Ou então, quando os pais são mais enérgicos, acabam ouvindo frases de reprovação e censura:

- "A filha deles vai acabar ficando revoltada..."
- "Os pais daquele rapaz não compreendem os jovens, não acompanham a modernidade...".

O mau comportamento dos filhos, de certa forma incentivado pela falta de autoridade dos pais, afeta toda a estrutura familiar, sem contar quando eles se tornam agressivos, através de palavras ou até mesmo de atitudes. São condutas destrutivas e hostis, que revelam a irresponsabilidade que permeia as relações, as experiências frustrantes ou vazias de sentido, a falta de crença em Deus,

Mas será mesmo que tudo é sempre culpa dos pais?

Decisão

Em primeiro lugar, os pais devem ter bem claro que os comentários ou o comportamento de determinados grupos não tornam boa uma ação errada. O que é errado permanece errado, apesar da aceitação e permissividade da sociedade.

Em segundo lugar, devem ponderar suas atitudes tendo como base aquilo que Deus pede a eles, e não o que uma mentalidade mundana propõe.

Finalmente, é verdade que os tempos são outros, e que determinados valores hoje são salientados, como, por exemplo, a liberdade pessoal, os interesses pela desenvolvimento tecnológico, a igualdade dos papéis do homem e da mulher na sociedade, a tolerância com as diferenças. No entanto, nada disso relativiza outros valores fundamentais, relacionados ao ser, como a transcendência e a esperança na vida eterna.

Ainda que os jovens comportem-se de maneira destrutiva, os pais não podem perder a consciência do seu papel específico de educadores, não podem renunciar à própria dignidade ou à missão de que foram investidos pela vontade de Deus. Nenhuma atitude inadequada dos filhos pode justificar reações desequilibradas por parte dos pais. É preciso que eles mantenham os alicerces do lar e conduzam a família também nos momentos difíceis.

O passado faz parte da história do filho; não há como mudá-lo. Seu arrependimento é necessário, bem como a aceitação das próprias falhas pelos pais.

Ação

O Papa João Paulo II, quando esteve no Rio de Janeiro, em outubro de 1997, indicou alguns instrumentos úteis para as famílias:

> Pais e famílias do mundo inteiro, deixai que vo-lo diga: Deus vos chama à santidade! [...] Ele vos ama loucamente, ele deseja a vossa felicidade, mas quer que saibais conjugar sempre a fidelidade com a felicidade, pois não pode haver uma sem a outra. [...] Não deixeis que a mentalidade hedonista, a ambição e o egoísmo entrem nos vossos lares. [...] A mútua doação abençoada por Deus, perpassada de fé, esperança e caridade, [...] servirá como núcleo santificador da própria família, e de expansão da obra de evangelização de todo o lar cristão. Tende confiança: Deus está conosco![6]

Dessa exortação amorosa extraímos três ferramentas:

---

[6] JOÃO PAULO II. **Homilia da Santa Missa de encerramento do II Encontro Mundial com as Famílias.** Aterro do Flamengo, Rio de Janeiro, 5 out. 1997. Disponível em: <http://www.vatican.va/holy_father/john_paul_ii/homilies/1997/documents/hf_jp-ii_hom_19971005_po.html>.

- a fé na própria missão, confiada aos pais por Deus;
- o chamado à plenitude da vida;
- a crença no amor de Deus, que acompanha os pais na difícil tarefa de educar os filhos.

Revisão

Analise, junto aos familiares, o comportamento de seu filho.

- Observe, com isenção e imparcialidade, o comportamento dos jovens e suas atitudes como pai/mãe: as falhas, as reações que conduziram a sentimentos de culpa, à perda do controle da situação.

- Lembre-se de que são pais, mas antes de tudo são seres humanos, portanto não são infalíveis nem precisam disfarçar as próprias fraquezas.

- Busque sempre o equilíbrio, a estabilidade mental, emocional e espiritual, o autodomínio, a moderação e a prudência.

- Não se esqueça de rever as decisões tomadas e levá-las em consideração sempre que possível.

- Repita muitas vezes: "Meu Deus, creio no seu amor para conosco. Pai, faça-me sentir o seu amor! Meu Deus, eu o amo, faça-me amá-lo cada vez mais".

9. Perseverar no grupo de apoio

Observação da realidade

No mundo de hoje é dada muita importância ao individualismo, isto é, aos valores pessoais, e à liberdade.

Em princípio, cada pessoa é única na história, mas se os bens naturais são acumulados só para o próprio usufruto, se os bens de consumo são usados sem pensar nos outros, se o dinheiro é visto apenas como fonte de poder, acaba-se acentuando demasiadamente o egocentrismo.

Assim, chega-se ao ponto de considerar válidas apenas as próprias ideias, não aceitando as ideias contrárias às suas; a viver pensando apenas em si mesmo, sem considerar que os problemas dos outros também nos afetam; a ter atitudes que levam à destruição, a ser conduzido para o mundo das drogas, do alcoolismo.

Se os filhos são levados a isso, parte da responsabilidade é, sim, dos pais. De alguma forma, tanto pela falta quanto pelo excesso de estímulos positivos, incentivaram-nos a pensar de modo egocêntrico: "Não valho nada mesmo..." ou "Eu sou o melhor!".

Decisão

Tanto os indivíduos quanto as famílias precisam uns dos outros. Ninguém cresce sozinho, nem resolve os problemas sozinho.

Para mudar os rumos das coisas, é preciso ajudar e permitir-se ser ajudado, tomar parte de um grupo e superar os interesses egocêntricos, que são espiritualmente baixos e subdesenvolvidos.

Sozinhos estamos perdidos. A solução está em compartilhar os bens e os males, como acontecia com os primeiros cristãos, que se "confessavam", isto é, partilhavam experiências de vida, positivas ou negativas, uns com os outros, como acontece hoje com grupos como os dos Alcoólicos Anônimos,

Em nossa associação, todos os dias vemos pais chegarem desesperados por problemas relacionados a drogas e saírem com o coração repleto de esperança depois de participarem do grupo de apoio; pais que viviam com medo e em pânico, mas que adquiriram serenidade para refletir sobre as dificuldades com clareza, sabendo distinguir as próprias limitações e fraquezas e retomando o controle da situação.

Muitos pais chegam ao grupo de apoio machucados, feridos, acuados pelos problemas de tal forma que nem sempre conseguem aceitar a ajuda oferecida e até mesmo desconfiam das orientações que não sejam propostas por profissionais da área médica ou psicológica. No entanto, quando se abrem à troca de experiências, encontram pessoas com os mesmos problemas, sentem-se acolhidos e descobrem amigos em quem podem confiar. Assim, conseguem admitir outras opiniões, aprendem a ver a boa vontade das pessoas que estão ao seu redor, sentem a força da união e da ajuda mútua.

Outros recebem ajuda, melhoram sua situação pessoal e familiar, e então somem do grupo. São pessoas que ainda não estão preparadas para desligar-se das condutas destruidoras que levaram o filho a trilhar o caminho das drogas. É preciso conceder-lhes o tempo necessário para que possam partilhar suas experiências e aceitar a ajuda fraternal. Alguns talvez desconheçam que o equilíbrio emocional se alcança somente falando dos próprios problemas e emoções.

Ação

Lembre-se de que as dificuldades podem nos aperfeiçoar. Uma avaliação verdadeira do passado pode nos mostrar nossas falhas e renovar nossa vida.

Olhando para a cruz de Jesus, reze:

- "Senhor, mostra-me os meus erros e indica-me o caminho para corrigir-me"
- "Senhor, renova a minha mente para que eu aceite a disciplina de meus companheiros do grupo de apoio que querem me ajudar"
- "Senhor, torna humilde o meu coração para que eu possa entregar meu filho em tuas santas mãos e ser uma mãe fiel como foi Maria ou um pai humilde como foi José".

Revisão

Questione-se de forma franca e objetiva:

- Estou com raiva de mim, de meu filho, de Deus?
- Até onde consigo me perdoar?

- Até onde consigo perdoar meu filho?
- Até onde consigo abrir-me aos outros? Sei falar dos meus sentimentos? Dos meus medos? Do meu desespero?
- Até onde vai a minha boa vontade em resolver os problemas?
- A minha perseverança no grupo de apoio é constante?

10. Pais educadores

Observação da realidade

O problema das drogas é apenas um dos sinais de uma sociedade apoiada em falsos valores e cujas estruturas estão seriamente comprometidas. O toxicodependente é, de fato, uma pessoa doente, que serve de alerta para todos aqueles que se interessam pelo futuro da humanidade, em como devemos educar nossas crianças hoje para que amanhã elas não se tornem jovens entregues à droga.

Na educação, existem muitas linhas pedagógicas que, às vezes, chegam a se contradizer, umas defendendo o que outras combatem. Diante desse mar de possibilidades que se apresenta diante de nós, o melhor rumo a seguir, sem dúvida, é o proposto pelo Mestre Jesus, modelo de todos os tempos.

Se seu filho se droga, e você quer se manter como discípulo de Cristo, coloque em prática a sua pedagogia:

1. Acredite que seu filho pode melhorar, assim como Jesus acreditou na mulher adúltera: "Vai, e de agora em diante não peques mais" (Jo 8,11). Os pais devem proferir palavras de encorajamento, animadoras, estimulantes. Devem ser palavras cheias de esperança, que reflitam, com certeza absoluta, a confiança na capacidade do filho de recomeçar.

2. Os filhos não são propriedade de seus pais, mas foram confiados a eles por Deus. Contudo, os pais têm a obrigação de determinar claramente os limites, estabelecer as regras da casa que todos os membros da família devem seguir, e dar o exemplo. Aos 13 anos, Jesus lembra à própria mãe que ele viera para fazer a vontade de Deus: "Por que me procuráveis? Não sabíeis que eu devo estar naquilo que é de meu Pai?" (Lc 2,49).

3. Apresente a seu filho os aspectos positivos e negativos da vida, ensine-o que toda ação gera uma consequência, mas depois disso, se ele já tem capacidade de discernir entre o certo e o errado, deixe que tome as próprias decisões e

permita-lhe assumir a responsabilidade sobre seus atos, assim como Jesus fez com o jovem rico que lhe indagava o que deveria fazer para possuir a vida eterna: "Se queres entrar na vida eterna, observa os mandamentos: não cometerás homicídio, não cometerás adultério, não roubarás, não levantarás falso testemunho, honra pai e mãe, ama teu próximo como a ti mesmo. Porém, se queres ser perfeito, vai, vende os teus bens, dá o dinheiro aos pobres, e terás um tesouro no céu. Depois, vem e segue-me" (Mt 19,16-21). Nunca se deve impor as próprias ideias, mas oferecê-las, com firmeza, e sempre como expressão de amor.

4. Jesus, que é o nosso verdadeiro Mestre e modelo de educação, ensina que, quando necessário, devemos corrigir aquele que erra, porém sem grosserias e concedendo-lhe a liberdade de assumir as consequências: "Se teu irmão pecar contra ti, vai corrigi-lo, tu e ele a sós! Se ele te ouvir, terás ganho o teu irmão. Se ele não te ouvir, toma contigo mais

uma ou duas pessoas, de modo que toda questão seja decidida sob a palavra de duas ou três testemunhas. Se ele não vos der ouvido, dize-o à igreja. Se nem mesmo à igreja ele ouvir, seja tratado como se fosse um pagão ou um publicano" (Mt 18,15-17). Da mesma forma, com o povo hebreu, Deus agiu como pai e pedagogo conduzindo-o por meio da instrução e da correção: "É como filhos que Deus vos trata. Pois qual é o filho a quem o pai não corrige?" (Hb 12,7). A advertência, com calma e com desprendimento, produz no filho o sentimento de responsabilidade, que outra coisa não é senão lembrar, no momento oportuno, a advertência dos pais e agir de acordo.

5. Assim como Deus é misericordioso, os pais também o devem ser com seus filhos. Jesus nos demonstrou a misericórdia divina através da parábola do filho pródigo, que foi recebido de volta pelo pai de braços abertos, com amor e misericórdia e sem discursos repetitivos que relembrassem o passado negativo.

6. Aceitar o diálogo como instrumento educativo. Jesus oferece o exemplo de ensinar através do diálogo, questionando os apóstolos e seus seguidores, ouvindo suas respostas e corrigindo sempre que necessário. Da mesma forma, entre pais e filhos, o diálogo deve ser uma prática contínua. É preciso ser franco, sereno, construtivo.

Decisão

"Aconteceu com o meu filho. Apesar de ter recebido uma educação cristã, passou a usar drogas e a acreditar em ideologias contrárias à fé e à moral."

Nem assim se deve cortar o diálogo. Numa sociedade secularizada como a nossa, em que valores tradicionais perderam importância, torna-se necessário reafirmar as convicções e reforçar os laços familiares, levando em consideração a realidade social em que vivemos e os novos valores que os jovens experienciam.

Jesus, quando educava as multidões, não receava questionar valores tradicionais, como ao anunciar as bem-aventuranças e convidar o povo a ir contra a corrente que o mundo oferecia.

Os pais também devem ter a coragem de apresentar os valores verdadeiros, ainda que isso signifique ir contra o que a sociedade prega. Os jovens buscam certezas, convicções firmes às quais recorrer quando se sentem perdidos.

Depois de fazer tudo isso, e ainda mais, cabe ao jovem fazer sua escolha: ou passa a colaborar, respeitando as pessoas e as regras básicas de convívio familiar, ou é deixado livre para viver por sua conta. De fato, ele é dono de sua própria vida.

Muitos pais, nessa altura, acham doloroso e injusto ter uma conversa franca com o filho. Doloroso é – devemos admiti-lo –, mas não é injusto propor ao filho uma escolha clara e firme, dentro dos princípios evangélicos e diante da sociedade: se depois de todo o carinho e atenção demonstrados por seus pais, se depois de toda a ajuda ele quiser continuar destruindo-se usando drogas, não há como impedi-lo, apesar de saber que isso o levará ao fundo do poço.

Se seu filho for menor de idade, peçam conselho ao juiz ou ao conselho tutelar, que poderá oferecer informações importantes. O adolescente violento e agressivo também pode ser entregue à justiça. Mas, se ele for maior de idade e quiser viver sozinho, é um direito que lhe cabe, desde que não espere a aprovação e ajuda financeira dos pais.

Todavia, para haver sucesso, todos os parentes devem colaborar. Portanto, é preciso avisar aos avós, tios, sobrinhos, amigos sobre a situação da dependência do filho, de forma que todos entendam a atitude firme e ninguém "marque gol contra", mas todos, de comum acordo, ajudem na reorganização da família.

Nossa experiência confirma a validade da atitude corajosa de colocar os jovens diante da vida (a ajuda da família) ou da morte (a rua), deixando-o escolher dentro da própria liberdade e responsabilidade.

Ação

Deus deu aos pais a missão de serem educadores dos filhos. Cumpre-lhes assumir esse papel e não o de "coleguinhas". Peça sua ajuda para vencer o medo:

- "Quem quiser salvar sua vida a perderá, e quem perder sua vida por causa de mim a salvará" (Lc 9,24)
- "Senhor, mandas teu espírito, e assim renovas a face da terra!" (Sl 104[103],30).

Revisão

- Vocês, pais, acreditam que seus filhos podem melhorar?
- É possível deixar que os filhos tomem suas próprias decisões e assumam a responsabilidade por elas, como Cristo fez com o jovem rico (Mt 19,16-22)?
- Vocês impõem ou oferecem as suas ideias como expressão de amor?
- Estão convencidos de que seus filhos, antes de serem seus, são de Deus?
- Sentem-se educadores ou coleguinhas de seus filhos? Buscam não o que é fácil, mas o bem deles? Querem a felicidade interior ou o êxito deles?

11. Preparar-se para a mudança

Observação da realidade

A origem dos problemas que muitas famílias enfrentam tem um nome: drogas.

Diante dessa realidade são necessárias mudanças corajosas, enfrentadas com lucidez e determinação de metas a serem alcançadas.

Até aqui vimos que os pais devem estar de acordo quanto a:

- querer ajudar-se para ajudar o filho;
- como consequência disso, buscar ajuda e orientação de pessoas que já passaram pelos mesmos problemas ou que entendem do assunto;
- tomar a decisão e agir.

Decisão

Antes de agir, é preciso estabelecer prioridades, isto é, perguntar-se qual a primeira meta que se quer alcançar e que está dentro das possibilidades reais da família.

Jesus Cristo nos ensina que a casa construída sobre a rocha não desmorona, mas fica firme mesmo quando vêm as enxurradas e quando o vento sopra sobre ela. Nesse caso, a rocha sobre a qual a casa será construída é a confiança em Deus, é a certeza de que o filho pode mudar e melhorar. Para isso é necessário:

- frequentar constantemente um grupo de apoio específico;
- deixar totalmente ao filho a responsabilidade das decisões sobre a própria vida.

Depois de muitas tentativas fracassadas de querer ajudar o filho, não é de estranhar que os pais tenham um baixo conceito de si mesmos e um profundo sentimento de inferioridade em relação a outras famílias. Mas é preciso vencer a tentação de viver criticando todos e julgando-se "vítimas" do mundo. A primeira meta é, portanto, começar a examinar a si mesmos.

Ação

Façam um minucioso e destemido inventário moral de si mesmos. Isso significa preparar duas listas: uma das qualidades e outra dos defeitos de cada componente da família. Se quiserem ajudar seus filhos, devem ajudar a si mesmos, examinando-se em profundidade.

- Procurem corrigir as falhas que encontrarem em si mesmos, sem sentimentos de culpa nem vitimização.

- No relacionamento com os filhos, determinem regras claras e estabeleçam as punições para o caso de elas serem violadas (por exemplo, tomar a chave da casa, do carro ou da moto).

- Pedir luz na oração confiante: "Espírito de luz e de paz, ilumina minha vida!"; "Ó, Pai Santo, te pedimos por meio de teu Filho, envia-nos o teu Santo Espírito".

Revisão

- Vocês, pais, conseguiram realizar um minucioso e destemido inventário moral de si mesmos? Estão seguindo a meta que assumiram de comum acordo ou voltaram atrás?

- Mantiveram a tranquilidade e o autodomínio no controle e na cobrança de cada regra assumida por seu filho?

- As regras infringidas levaram à sua punição? O castigo foi adequado e proporcional à infração, tanto no que se refere ao tempo, quanto no que se refere à substância?

- Após o cumprimento do castigo e diante de uma atitude correta e responsável, o castigo foi suspenso?

- Buscam a purificação e o aperfeiçoamento da alma de seu filho, para que ele aproxime-se da paz e do bem-estar divino?

12. Meu filho mudou e voltou

Observação da realidade

Como os pais devem comportar-se com seu filho quando ele mudar? Como agir em relação ao seu novo modo de vida? É possível acreditar em tudo que ele faz e diz, ou as restrições e dúvidas devem continuar? É necessário relembrar-lhe o passado de morte – para mantê-lo na humildade e com os pés no chão, como se costuma dizer? Ou será ingenuidade deixar os erros passarem?

Enfim, como agir com o filho, se ele mudou e voltou ao lar?

Em nossa opinião, o melhor a fazer é agir conforme a misericórdia de Deus, cujo maior exemplo é a parábola do filho pródigo, narrada no Evangelho de Lucas 15,11-32: o rapaz, que havia saído da casa paterna e dilapidado seus bens, vivido na ruína e sofrido fome e inúmeras privações, volta e pede perdão ao pai, o qual demonstra compreensão e faz uma grande festa para receber o filho arrependido.

Decisão

O perdão e a misericórdia devem comandar as ações dos pais que recebem um filho de volta. Isso significa verdadeiramente esquecer o que ele foi e fez, desculpar-lhe tudo, em nome de Deus. Os repetidos discursos sobre o passado não fazem parte da pedagogia de Jesus.

Acreditamos, realmente, que os pais devem mudar de atitude, converter-se, procurar ver o filho com olhos novos, sem ressentimentos ou mágoas. Caso contrário, não somente não ajudarão o filho a reinserir-se na sociedade de forma nova, como também o prejudicarão a ponto de predispô-lo a um retorno às drogas.

Isso não significa ser ingênuo, mas abrir-se de fato à bondade, à confiança, ao bem que existe em cada um e que nenhum passado pode apagar.

Ação

Analisem-se com calma, para terem clareza sobre si mesmos, e peçam a Deus que os ajude a agir com misericórdia.

- Pergunte a si mesmo: "Estou contente comigo?".

- Repita com convencimento: "Meu Deus, agradeço por aquilo que sou e por aquilo que serei. Ó, Espírito! Vem em socorro à minha fraqueza!".

Revisão

- Concretamente, descreva cinco virtudes de que você gosta e quer ver nas pessoas e cinco defeitos que detesta reparar nos outros. Faça este minucioso inventário antes de tomar qualquer outra atitude, pois, se perguntar aos amigos, é quase certo que apontarão tanto as virtudes quanto os defeitos em você mesmo.

- Conclua fazendo a verdadeira avaliação da sua pessoa.

13. Desligamentos

Observação da realidade

Ao propor aos pais uma atitude mais adequada, de confiança e delegação de responsabilidade aos filhos, evitando resolver os problemas deles – até porque a preocupação excessiva e a superproteção não traz benefício algum a ninguém, nem aos pais nem aos filhos –, percebo olhos perplexos e perturbados que revelam o pavor que se materializa na pergunta: "Então não se pode acreditar no amor?".

É lógico que acredito no amor, mas amar também significa abrir mão, desligar-se.

Certamente isso não quer dizer desinteressar-se pelas pessoas ou abandoná-las, principalmente se as amamos, mas não se deixar envolver por seus problemas ou arcar com as suas responsabilidades, nem viver eternamente angustiados.

Se você conhece uma pessoa que não faz outra coisa a não ser pensar ou falar de alguém, sabe que, mesmo que não se sinta assim, ela é uma vítima. E não adianta falar, fazer discursos lógicos, usar palavras fortes ou convincentes. Tudo se torna inútil, pois a pessoa vive num outro mundo, onde nada a toca. É como falar às paredes e, ainda que ouça o que lhe digam, sua única reação é pensar, em busca de justificativas, sem se libertar de seus pensamentos obsessivos.

Isso é o que acontece com o dependente de drogas, que *não age assim porque quer, mas quer isso porque sofre com a possibilidade de perder o objeto de sua obsessão*. Por isso, defende-se, refuta, distorce tudo que lhes contradiga. Não adianta tentar nem mesmo aconselhá-lo a desistir. Só ele pode, se quiser!

Decisão

Não podemos pensar em trabalhar sozinhos nem em viver nossa própria vida, procurando encontrar o caminho da paz prometida por Deus, se não nos desligarmos do objeto de nossas obsessões.

Nesse caminho, encontramos três degraus:

1. o primeiro é aceitar a verdade, mesmo sendo de difícil compreensão ou fácil de

ser esquecida: *cada pessoa é responsável pela sua identidade*;

2. o segundo, embora mais fácil de entender, é mais difícil de aceitar: *não podemos nem devemos resolver os problemas que não são nossos*;

3. o terceiro é difícil de entender porque é difícil viver a liberdade de Deus, cheia de amor que dá sem nada exigir: *devemos permitir que as pessoas sejam elas mesmas, dar a elas a liberdade de serem responsáveis e de crescer. Isso implica permitir que enfrentem seus próprios problemas e os assumam com todas as suas consequências.*

Ação

A grande ferramenta à disposição dos pais que sofrem com filhos dependentes de drogas é a certeza de ter Deus ao lado deles, sempre disposto a lhes ajudar, o que ele faz na medida em que se vive essa relação de forma transparente, isto é, sendo sinceros consigo e com os outros.

Isso nos leva a viver um princípio fundamental: lutar para mudar o que é possível ser mudado e desistir daquilo que não se pode mudar! O passo seguinte é aprender a não se lastimar, mas conviver com o problema, vivendo o momento presente, aqui e agora, aceitando a situação como ela se apresenta, em vez de querer controlá-la.

Revisão

- Como você se sente quando pensa em desligar-se de uma pessoa e de seu problema? O que pode acontecer se você se desligar hoje?

- Quando você está preocupado e atormentado tentando contornar o problema, acontece alguma coisa? Agindo assim, ajudou em algo?

- Visualize as mãos de Deus e deposite nelas a vida das pessoas amadas e os problemas delas.

- Reze com confiança: "Senhor, dai-me coragem para mudar as coisas que podem ser mudadas; serenidade para aceitar as coisas que não posso mudar; e discernimento para distinguir umas das outras".

Testemunhos

Vida é alegria, fé e esperança, mas a vida pode ser tristeza, dor e desespero. Assim foi e será a nossa vida enquanto adolescentes e jovens caminharem desenfreadamente no mundo das drogas, que destroem as famílias e a sociedade.

Minha família também passou do equilíbrio à desestruturação.

Nosso filho, num momento de fraqueza, deu o primeiro passo fatal ao experimentar a droga. A partir daí, pensamos que fosse o fim de uma família em que sempre existiu alegria, fé e esperança. Passamos catorze anos de tristeza, dor e desespero!

Tomamos várias atitudes, mas voltávamos atrás, não tínhamos firmeza e cada vez nos afundávamos mais no desespero, perdendo-nos em regras, falta de disciplina e valores. Até que perdemos o controle e o colocamos para fora de casa.

Com essa atitude, toda a família sofreu muito, inclusive ele. Nós o queríamos, mas sem a droga. Nosso sofrimento foi enorme! Mas foi esse sofrimento que fez com que ele retornasse à casa.

Não sabendo mais o que fazer, falei a uma amiga sobre o nosso desespero. Essa amiga, verdadeiro anjo da guarda, sempre pronta e corajosa no auxílio ao próximo, nos indicou o Cefas (Centro Familiar de Solidariedade).

Passamos a frequentar o Cefas e, desde então, Deus tem dirigido, com suas mãos, nossas vidas. Voltamos a ser gente, somos felizes e dormimos em paz. Nosso filho está limpo há três anos.

Em primeiro lugar, agradeço a Deus, depois ao Padre Sometti, que acolheu meu filho em sua comunidade, e àquela pessoa especial que me encaminhou ao Cefas e até hoje nos mantém fortes e confiantes na caminhada.

Agradecemos também ao nosso filho, que nos fez conhecer o outro lado da vida.

Ana e Toninho
Cefas/Sorocaba

Quando ficamos sabendo do vício de nosso filho de 19 anos, quatro meses antes nós o havíamos emancipado, dando-lhe a maioridade para tornar-se responsável por seus atos. A razão dessa atitude foi que no prazo de um mês ele bateu com a moto em dois automóveis. Na primeira vez, foi preciso fazer uma cirurgia na mão esquerda.

Ficamos perplexos com a descoberta do uso da droga. No mesmo instante meu marido comunicou ao nosso filho que não aceitava drogado em casa, que ele parasse com isso. Mais à noite, logo após o nosso retorno da missa, eu lhe disse que iria "ficar no seu pé", que eu não o largaria por nada. Ele respondeu que estava contente por eu ficar vigiando.

Procurei nas livrarias as seções especializadas em saúde e lá adquiri tudo que se referia à droga. Li avidamente tudo, mantendo a literatura guardada. À noite, esperava-o chegar e fazia perguntas: "O chá de lírio é usado com frequência?"; "Maconha dá uma larica imensa em todos?". Ele me encarava e dizia: "Mãe, por onde você está andando? Como você sabe destas coisas?". Eu respondia: "Não sei"...

Percebi que o meu conhecimento o estava deixando um pouco inseguro. Falávamos pouco com ele, somente o necessário. A mesada semanal foi suspensa sem aviso e sem comentários, e ele também não perguntou nada nem pediu dinheiro.

Num sábado, fiquei na sala aguardando sua volta. Ele chegou "chapado", com cheiro de cerveja. Sentei-me ao seu lado. Todos em casa dormiam. Eu estava disposta a ficar a noite inteira acordada se fosse preciso. Coloquei o meu braço direito sobre seu ombro e comecei: "Você tem o sobrenome de seu avô. Já pensou se meu pai fosse vivo, como ele se sentiria triste? Não teve filho homem e justo você, que gosta de mecânica como ele gostava, está desse jeito. No céu, ele deve estar muito triste neste momento. E seu pai? Você tem dois sobrenomes e não honra nenhum. Filho, eu sempre honrei o nome que meu pai me deu e ao dá-lo a você era um presente para ser honrado. Existe um padre que pode ajudá-lo. É em Itapetininga. Vamos lá amanhã, isto é, hoje, porque já passou da meia-noite. Você conseguirá sair dessa. Como, eu não sei. Mas eu quero que você honre o seu sobrenome". Ele disse: "Tá bom. Eu vou. Pode me chamar que eu vou".

Fui deitar-me sem acreditar que ele iria. Nós iríamos. De manhã, meu marido disse que não adiantava chamá-lo, pois ele não iria. Mas eu o chamei e ele foi. Lá chegando, o Padre José não estava. Ele não entrou na capela. Havia sol quando chegamos, mas Jesus mandou do céu uma chuva. Ele ficou na porta da capela para se abrigar. Jesus viu que nosso filho era duro na queda e mandou um vento frio que levava a chuva onde ele estava, molhando-o. Não deu outra. Tirou os sapatos e entrou. Cantou. Bateu palmas. Antes de ir embora, falou a uma monitora: "Posso vir depois do carnaval e ficar uma semana ajudando vocês aqui!".

No sábado de carnaval nosso filho saiu com sua "galera", todos de moto, para acampar na praia. Ao se despedir de mim, eu estava muda, mas ele viu em meus olhos a aflição e me garantiu que na volta iria ficar uma semana na Comunidade ajudando o pessoal.

Meu marido e eu orávamos bastante. O tempo todo. Em silêncio eu agradecia a Deus pelo filho que me dera.

Na segunda-feira de carnaval, juntamente com meu marido, retornei à fazenda, e ao recebermos orientação de um dependente recuperado chamado Maurício e do Padre José, retornamos a casa, já sabendo o que fazer.

Marcamos uma data. Passou a ser chamado o "dia D". Planejamos cada palavra, cada ato, até a roupa que vestiríamos. As meninas sairiam de casa para não presenciar as agressões que poderiam ocorrer. Os meninos ficariam e participariam.

No domingo, levantamos cedo, às 5 horas. Fiz o almoço. Forrei a mesa de jantar com uma toalha que só é usada em ocasiões especiais, festivas. O pai vestiu-se com roupa social, a de seu trabalho. Eu também mudei a roupa.

Quando ele levantou, estranhou a toalha, perguntou se haveria algum almoço. Mas a hora H teve início solene como a situação exigia. Logo o pai, que presidia a mesa, em cuja direita me assentava, como sua auxiliar, foi dizendo que ninguém tinha ordem de se levantar de seu lugar enquanto tudo não estivesse resolvido. Após todas as explicações, meu marido ofereceu ajuda ou rua já. O rapaz havia acabado de acordar, de ressaca. Tomou café e uma "dançada". Esbravejou, gritou. Saiu da mesa. Socou as paredes. Viu-se perdido. Pediu ajuda agora.

O pai consultou-me se era possível o "agora". Respondi que sim. O rapaz tomou banho, deu uma "cheirada" e fomos. Eu estava apavorada. Tinha medo dele. Rezei o terço toda atrapalhada, escondendo o "terço de dedo" embaixo do banco do carro. Uma pessoa drogada e acuada pode fazer qualquer besteira.

Houve mais algumas batalhas até ele ir para a Comunidade, mas também a fala baixa, a serenidade, a firmeza e a ameaça de que, se ele brigasse, gritasse ou fosse indelicado com alguém em casa, nós o entregaríamos à polícia.

Ele se comportou bem. Mesmo assim ficou sem sua cama, que foi colocada na calçada e alguém a levou. Dormia na sala, no chão, sem travesseiro.

O pai, os irmãos e eu sofremos muito, mas valeu a pena. Hoje ele está vivo e ajudando na recuperação de outros dependentes.

Ao descobrirmos uma tragédia, no primeiro momento pensamos que Deus nos deserdou por alguma razão. Fiquei assustada com o que nos sucedia, todavia em todo momento surgia em minha mente o versículo 28 de Romanos 8: "Tudo concorre para o bem daqueles que amam o Senhor"; eu amo o Senhor, logo, tudo que estava se manifestando era para o nosso bem. Também se fazia presente em minha mente uma leitura que me marcou muito: Deus tem poder de tomar os defeitos que causamos no tecido de nossas vidas, transformá-los e incorporá-los na urdidura e dar prosseguimento em seu plano para nós. Esses defeitos passam a ser como peculiaridades daquela vida.

Tendo esses conhecimentos, passamos a esperar em Deus e confiar em sua providência. É interessante notar que a partir da premissa da passagem bíblica, lembrando que a fé é uma questão de vontade, tudo fica mais fácil. Mais calmo. É mais fácil esperar em Deus. O louvor vem espontâneo e nos momentos de fadiga dizemos: "Eu quero ter fé, eu tenho fé. Tudo vai se resolver". O sofrimento é algo concreto que nos capacita a ter empatia pelos outros. As decepções são provas na escola da vida. A cartilha usada pela vida é muito complexa, não tem respostas na contracapa. O professor está dentro de nós e ficamos a andar em círculo em várias tentativas fracassadas procurando encontrar a tão sonhada solução. Para encontrá-la é muito simples. Tão simples que não a vemos. Basta colocar nosso corpo em repouso. Desligar o telefone, a campainha. Aquietar o nosso corpo, mente e coração. Olhar para o nosso âmago. Esvaziar nossa mente. Nesse descanso colocar-se em Deus e deixá-lo comandar nossa vida. Aí nos veremos dentro do plano de Deus e todos os nossos tropeços servirão de degrau para os outros. Pela estrada aberta de dor que deixamos para trás outros poderão caminhar mais facilmente e juntos chegaremos ao Pai.

"Senhor, faça-me humilde, para que eu possa compreender aquilo que o Senhor quer de mim."

Fui uma pessoa sem planos e sonhos, sem crença e sem amor. Felicidade e compreensão somente na rua eu encontrava. Perdi toda a moral, assim como um ser humano que não se preocupa com ninguém ao seu redor; somente me preocupava com o que eu queria. Perdi todas as esperanças de voltar atrás e recomeçar, de ter uma vida melhor.

O orgulho não me deixava pedir ajuda, não queria ninguém comigo. Achava sempre que era a dona do meu nariz.

Meus pais perderam totalmente o brilho dos olhos e a luz do rosto. Demonstravam somente vergonha, aqueles olhares fundos, sem reação e carregados de medo diante das minhas inúmeras ameaças de suicídio.

Perdi totalmente o domínio da minha vida, cheguei a pesar 39,3 kg; não dormia, não parava em casa, não dialogava, só acreditava nas fantasias da minha mente, ou seja, querer mais!

Eu tinha sede de vingança, mas eu mesma não sabia explicar, queria fazer mal aos outros. Minha irmã mais velha tentava de todas as formas me ajudar: chamava-me para grupos de oração, para assistir a missas na televisão, mas eu não queria nada. Perdi a confiança, a dignidade, o respeito, a paz e todo interesse: por esporte, por estudo e, por último, o mais importante: percebi que estava perdendo a minha família. E mesmo assim não queria ajuda! Cheguei até a machucar essa minha irmã mais velha; ela chorava muito, eu via aquilo e não queria mostrar arrependimento. Apesar disso, eu chorava por dentro. Lembro-me perfeitamente da imagem que tinha construído em mim. Aquilo me corroía por dentro!

Foi então que, antes de minha primeira internação e mesmo não aceitando ser doente, pedi ajuda, decisão esta tomada diante de tudo de ruim com que deparei e que já havia feito. Desde então minha família não havia tomado conhecimento dessas minhas escolhas destrutivas, somente a minha irmã sabia de tudo, pois era a mais próxima de mim. Lembro-me de que precisava viajar para um campeonato quando tomei essa decisão, um pouco por inconsciência e pressão, mas tomei. Minha irmã disse que resolveria tudo na minha ausência. Ela me levou ao local onde eu pegaria o ônibus. Chorei muito, mas em momento algum pensei em mim ou em minha família, pensei somente nos "amigos": o que eles iriam pensar se eu me internasse e, quando eu voltasse, se eles iriam se lembrar de mim. Só coisas sem sentido algum.

Essa primeira clínica era dirigida por psiquiatras e, devido à avaliação feita pelos profissionais, foi determinado que eu ficaria reclusa por seis meses. Mas, devido a vários fatos que aconteceram, tais como brigas, medos, e pelo fato de eu ter engolido um punhado de calmantes sem recomendações médicas, a cura, de fato, não veio. Na segunda visita de meus pais, pedi que me levassem embora porque já não aguentava mais, e foi autorizada minha saída, após eles assinarem um termo de responsabilidade.

Vim embora no dia 9 de dezembro de 2008, e fiquei sóbria até fevereiro, quando comecei a fumar uns baseados (maconha) e beber com alguns amigos, que já não eram mais os mesmos. Em março recaí no *crack*; foi uma sensação horrível, passei muito mal. Quando eu puxava o ar depois de ter usado a droga, ele não passava pela garganta.

Depois do mal-estar e do medo, fiquei mais no sítio dos meus pais, sem querer sair, só fumava uns baseados lá mesmo. Foi quando tive vontade de usar o *crack* de novo. Pedi à minha mãe, urgentemente, a ajuda de um psiquiatra porque queria calmantes. Eu já estava tendo alucinações e sempre fazia, em segredo, algo de destrutivo com o meu próprio corpo, porque achava que, contando, ninguém acreditaria.

Tive, nesse tempo, uma das minhas piores alucinações, em que eu me deparei com vozes e pessoas atrás de mim, me pedindo para não aceitar ajuda. Arranhei totalmente as minhas costas com caco de vidro. Só a dor me impedia de ouvir, por isso me mutilei várias vezes.

Depois desses fatos pedi para minha mãe me internar novamente; contei para ela tudo o que havia acontecido; disse-lhe também que havia recaído e pedi, por favor, para me afastar novamente desse mundo de morte. Ela me abraçou forte e disse que me ajudaria, sim. Naquele momento eu vi a felicidade voltar a ela. Minha mãe só pediu que eu não falasse nada para o meu pai ainda, porque era muito recente a minha saída da outra clínica. Ela começou a fazer tudo por conta própria o mais rápido possível, porque agora ela já sabia o motivo que me fazia estar novamente com aquele mau comportamento. Minha mãe consultou várias clínicas, mas a internação era cara demais e, como já havia gastado muito na primeira, não queria se arriscar a pagar tudo novamente para, mais uma vez, eu desistir... Falei para ela que poderia ser onde ela quisesse, e que não iria exigir nada. Só queria mudar, agora de uma vez. No dia seguinte ela marcou uma confissão com o padre da nossa cidade. Ele foi até minha casa porque eu não saía mais, tinha medo. Foi então que, depois dessa confissão, dei espaço novamente a Deus na minha vida.

O padre segurou minha mão e disse que me ajudaria, mas eu devia confiar nele.

Passaram semanas e ele me deu o endereço da Associação Nossa Senhora Rainha da Paz. Minha mãe entrou em contato e pegou as informações. Depois disso, contou o fato para o meu pai, que ficou nervoso, mas aceitou.

No domingo seguinte, já com tudo pronto, malas e tudo mais, fomos para a comunidade onde achei que já ficaria. Mas não foi assim, pois tinha que me preparar: passar por triagens. No começo eu não entendia muito bem. Mas com o passar do tempo me dei conta de que as pequenas tarefas que devia fazer em casa me auxiliavam. A cada domingo que eu ia para a triagem, percebia o amor de Deus e a presença dele. Ele sempre esteve juntinho de mim, e eu me arrepiava por aquilo. Aos poucos, as coisas começaram a mudar e clarear! Tudo isso porque eu mudei e vi que todas as vezes que culpava os outros era uma falsa defesa, porque não queria me culpar por tudo.

Com o decorrer do tempo, muitas coisas começaram a mudar em casa: o som de *rap* já não era mais, para mim, o mesmo: quando eu o ouvia, aquilo me apavorava. Por isso, joguei fora todos os CDs; minhas roupas fui eu mesma que comecei a lavar; comecei a arrumar direitinho o meu quarto, e o que eu antes fazia com desânimo comecei a fazer por amor. Tudo me surpreendia. Eu dei o primeiro passo e incentivei minha família também. Eles começaram a perceber aquilo que estava acontecendo, e que o que faltava em casa era o amor e o diálogo. Foi onde então comecei a amar! Claro que ainda dava algumas mancadas, mas eu acreditava cada vez mais na presença de Deus ao meu lado e na minha vida.

No meu penúltimo domingo de triagem, o Padre José me pediu para parar com os medicamentos. Aquilo foi o fim para mim, mas ele me transmitiu uma segurança especial e eu falei: "Tudo bem!". Desde então não tomo mais nenhum medicamento. Eram calmantes fortes!

Eu precisava ficar calma! De fato, o medo e outras sensações que me fizessem transpirar me causavam pânico e vontade de me mutilar. Não queria que isso acontecesse de novo... E mesmo sem medicamentos para tomar, procurava ficar calma... Assim passou aquela semana. Eu me aliviava a cada dia que passava, pensando em viver bem para chegar ao próximo final de semana.

Finalmente chegou o domingo em que era para eu ficar na comunidade. Estava feliz e triste. Afinal, não sabia ao certo o que me esperava. E minha surpresa maior foi ver que o local era todo aberto, sem muros, sem psicólogos, sem psiquiatras.

Depois disso, comecei a entender a razão da triagem, de eu ter que tirar os medicamentos que tomava, de acordar cedo e de fazer os deveres que durante a triagem não suportava fazer, como, por exemplo, passar roupa...

Hoje aprendi o porquê de tudo isso, e posso dizer claramente que Deus esteve comigo em todas essas pequenas coisas que eu achava difícil fazer, mesmo sabendo que era necessário fazê-las.

A conclusão disso tudo é que Deus sempre estará comigo, não importa onde, nem quando ou como. Simplesmente basta amar para notar a sua presença, claro que não só na minha vida, mas na de cada um que busca compreender aquilo que o Senhor quer.

Hoje a paz, o respeito, o amor e, o mais importante de tudo, a presença de Deus retornaram à minha casa. Sou feliz de verdade, por sempre ter Deus para me ajudar a recomeçar nas minhas dificuldades e por ter compreendido que as quedas acontecem para que aprendamos a nos levantar.

Obrigada a todos desta obra de Deus, e principalmente ao Pe. José Sometti, por ter aberto as portas de sua comunidade para me dar a vida novamente. Hoje, através da minha perseverança, além desta graça alcançada, mais dois fatos aconteceram em minha casa: o primeiro é ligado ao meu irmão, que sempre bebia e hoje graças a

Deus está sóbrio; o outro se refere a minha irmã mais velha, que perseverou comigo nessa caminhada. Ela sempre quis ser mãe e tentou muitas vezes engravidar, mas não conseguia. Não sabiam se era da parte dela ou do marido o problema. Depois de um mês da minha caminhada aqui na comunidade, eu recebi um telefonema desta minha irmã, feliz, dizendo que ela seria mãe. Não questiono nada, nem insinuo nada, somente agradeço a Deus por esse presente na vida da minha irmã e na minha vida. A minha sobrinha nasceu e é uma menina linda.

Gostaria de dizer que todos que perseveram pela própria cura poderão encontrá-la. Difícil sempre vai ser, mas é no esforço que se mostra o próprio valor.

Edinéia Dalvana Machado,
toxicodependente em recuperação.

Do mesmo autor

CDs

- Relax: pensamentos positivos; agradecimentos ao amanhecer
- Viva sem insônia; descanso no infinito mar
- Criança saudável e feliz; xixi só no penico
- Equilibre a mente e o corpo; viva apenas o presente
- Viva mais sem fumo; libere a cuca e emagreça
- Liberte-se perdoando; teofania na oração
- Mensagem aos jovens; canto à Mãe do céu azul
- Encontro consigo mesmo; o céu portátil
- Alegria de viver; diga não à depressão
- Feliz na gestação; creia em você
- Programe o abandono do tóxico; programe o abandono do álcool

- O mestre cura; creia em você
- Reprogramação da vida; aprenda a contagem da respiração
- Liberte-se dos medos; viva feliz e com sucesso
- Suave relaxamento musical
- Para estudar com sucesso; higiene mental
- Harmonia no casamento; filho pródigo
- Paz na dor; abertura no infinito
- Sentido da vida

Livros

- Você é aquilo que pensa
- O feitiço e o contrafeitiço
- O espiritismo moderno à luz da parapsicologia
- Liberte-se meditando com as sete janelas do ego
- Salvar a criança
- Rezando com Maria
- Avança-te para o alto mar
- Lourdes, Fátima, Medjugorje
- O Maravilhoso

Contatos para tratamento e pedidos

ASSOCIAÇÃO NOSSA SENHORA RAINHA DA PAZ

Caixa Postal 91 – CEP 18200-970 – Itapetininga – SP
Tel. (15) 3273-4188 – Fax: (15) 3273-7598
Site: www.anspaz.net – E-mail: anspaz@uol.com.br
Dados para depósito: Banco do Brasil
Agência 0199-6 – Conta 22543-6 – Itapetininga-SP

Impresso na gráfica da
Pia Sociedade Filhas de São Paulo
Via Raposo Tavares, km 19,145
05577-300 - São Paulo, SP - Brasil - 2015